I0234222

My Fun Swahili Book of

# Numbers

# Nambari

**1** **2** **3**

Moja    Mbili    Tatu

## An English Swahili Counting Book

by Salome Thuo in collaboration with
Matthew Ngure and Andrew Ngure

# Copyright

Copyright ©2020 Salome Thuo
All rights reserved. No part of this book may be reproduced in any form without written permission from the author.

Header image master piece by Andrew Ngure

Images designed by Pinclipart. For more details visit www.pinclipart.com


For more fun Swahili books, visit us online at www.funswahili.com or email info@funswahili.com.

# Acknowledgements

The author would like to acknowledge the following people for their help and participation in this book: Francis K, Matthew N, Andrew N, Teresia T, Janet K, Jonathan K, Kiburi, Mercy K, Eunice M, Amos Jr, Amos W, Serah T, Mason N, Morby, Josh M, Chloe M, Catherine M, Amos T, Alicia K, Justin K, Bonface T, Margaret K, Mary K, Mukuria, Jane, Kamau, Sammy, Monica Thuo and to all my family and friends for your support along the journey. Thank you for all the feedback, ideas, suggestions and for being so responsive to learning Swahili.

# Dedication

This book is inspired by and dedicated to my two amazing sons, Matthew and Andrew and to all my awesome nephews, nieces, and all my fantastic younger and older friends who have been very instrumental in helping me put this book together.

Kids, you inspire me!

## Tujifunze Swahili. Let's learn Swahili.

We got this!

# Table of Contents

# Introduction

# Hello! Jambo!

*My fun Swahili book of* Numbers Numbari is an English Swahili book designed to teach new Swahili learners how to read, count and master numbers in Swahili very easily. It is designed for the English speaking learner with English/Swahili number translation.

The book has big bright images for younger kids and covers bigger and more advanced numbers for the older kids. Kids of all ages will enjoy learning Swahili numbers with this book. Additionally, they will build some Swahili vocabulary from some of the objects described in the book.

The book offers practical tips on how to master learning Swahili numbers in a fun and easy way. Kids can use this book to learn Swahili numbers and also as a reference guide when trying to figure out how to read/say any numbers in Swahili.

Numbers are a great introduction to learning a new language. Kids and new learners will be excited and motivated to start learning Swahili, after using this book, when they realize they can master Swahili numbers very easily.

Thank you for starting this Swahili learning and reading adventure with us. Learning Swahili is fun and easy. Come with us!

# 1

# Moja

# One

chura mmoja * one frog

# 2

# Mbili

# Two

ndege mbili * two planes

# 3

# Tatu

# Three

**begi tatu * three bags**

# 4

# Nne

# Four

**bakuli nne * four bowls**

# 5

# Tano

# Five

**karoti tano * five carrots**

# 6

# Sita

# Six

**bata sita * six ducks**

# 7

# Saba
# Seven

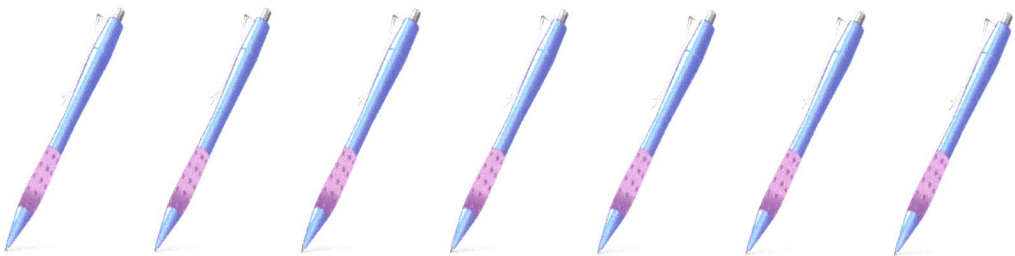

**kalamu saba * seven pens**

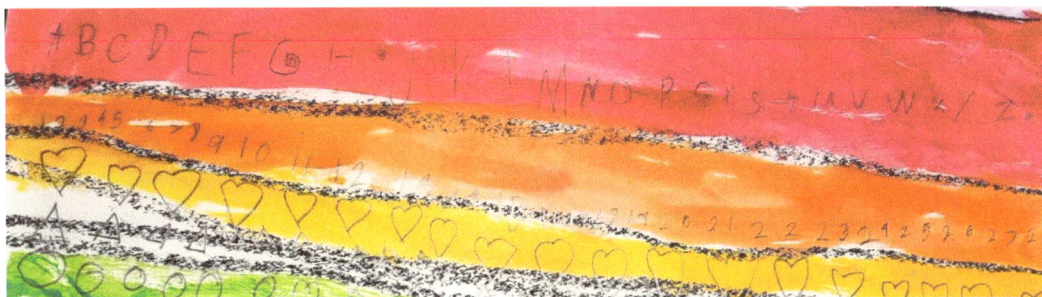

# 8

# Nane

# Eight

## maua nane * eight flowers

# 9

# Tisa

# Nine

**mipira tisa * nine balls**

# 10

# Kumi

# Ten

kofia kumi * ten hats

# Hongera!
# Congratulations!

Now you know how to count up to 10 in Swahili.

## Great job! Kazi njema!

Keep practicing counting 1-10 in Swahili until you master all the numbers!

Remember practice, practice, makes better!

# Fun fact

The word *hesabu* means *count* and it also means *math* in Swahili.

Hesabu is Count
Hesabu is Math
Kuhesabu is Counting

Flip the page to learn more Swahili numbers... but before we go to the big numbers, we have one more number to review....

Can you guess which one?

# 0

# Sufuri

# Zero

## Haha! Did we get you?

Let us continue counting
Tuendelee kuhesabu

# Review of Numbers 0-10 Syllables

Practice counting numbers 0 to 10 using syllables.

| | | |
|---|---|---|
| 0 | Su-fu-ri | Zero |
| 1 | Mo-ja | One |
| 2 | Mbi-li | Two |
| 3 | Ta-tu | Three |
| 4 | N-ne | Four |
| 5 | Ta-no | Five |
| 6 | Si-ta | Six |
| 7 | Sa-ba | Seven |
| 8 | Na-ne | Eight |
| 9 | Ti-sa | Nine |
| 10 | Ku-mi | Ten |

# Counting Numbers 11 - 20

| 11 | Kumi na Moja | Eleven |
|----|--------------|--------|
| 12 | Kumi na Mbili | Twelve |
| 13 | Kumi na Tatu | Thirteen |
| 14 | Kumi na Nne | Fourteen |
| 15 | Kumi na Tano | Fifteen |

# Counting Numbers 11 - 20

| 16 | Kumi na Sita | Sixteen |
| 17 | Kumi na Saba | Seventeen |
| 18 | Kumi na Nane | Eighteen |
| 19 | Kumi na Tisa | Nineteen |
| 20 | Ishirini | Twenty |

# Counting the Tens * Makumi

| 10 | Kumi | Ten |
|----|------|-----|
| 20 | Ishirini | Twenty |
| 30 | Thelathini | Thirty |
| 40 | Arobaini | Fourty |
| 50 | Hamsini | Fifty |

## Counting the Tens * Makumi

| | | |
|---|---|---|
| 60 | Sitini | Sixty |
| 70 | Sabini | Seventy |
| 80 | Themanini | Eighty |
| 90 | Tisini | Ninety |
| 100 | Mia Moja | One Hundred |

# Can you count how many in Swahili?

## Count the number of balls in Swahili

*Mpira=1 ball and mipira=multiple balls*

| | | |
|---|---|---|
| Mpira ____? | Mipira ____? | Mipira ____? |
| Mipira ____? | Mipira) ____? | Mipira ____? |
| Mipira ____? | Mipira ____? | Mipira ____? |

# Simple Math to Read in Swahili

How about some Math in Swahili? Practice reading and answering these math questions in Swahili.

Example:

$$2 \quad + \quad 2 \quad = \quad 4$$

| Mbili | (ongeza) | mbili | (ni) | nne |
|-------|----------|-------|------|-----|
| Two | (plus) | two | (=) | four |

Can you read and answer these math questions in Swahili?

$$2 + 3 = \qquad 4 + 8 =$$

$$3 + 7 = \qquad 8 + 7 =$$

$$11 + 7 = \qquad 10 + 10 =$$

Great Job! Keep practicing!

# Helpful Tips for Parents

The best way to start teaching your kids Swahili, is to teach them numbers. Numbers are easy to learn because they have a pattern.

Count with your child in Swahili as often as possible. Numbers are everywhere! Count in the *car*, in the *shower*, in the *kitchen*, count anywhere! Keep asking questions like, what is that number in Swahili? Make it *fun!* Make it a *game!* How about a *song?*...... even better......

You will be surprised at how quickly they will learn numbers and how much fun they will have learning Swahili as they start to understand and make the connections.

Each number is an opportunity for you to help your kids master numbers in Swahili. This will help them to remember the numbers and will really boost their confidence in learning Swahili.

# Tips for Learning the Bigger Numbers in Swahili

Swahili numbers follow a simple pattern and build from numbers 1-10 and the tens (makumi). From there, learn the bigger numbers like the hundreds (mamia) and the thousands (maelfu). Then learn the ten thousands (Maelfu kumi), the hundred thousands (laki) and the millions (mamilioni).

Master the numbers below and you are well on your way to being able to read any numbers in Swahili.

1, 2, 3, 4, 5, 6, 7, 8, 9, 10

11, 12, 13, 14, 15, 16, 17, 18, 19, 20

10, 20, 30, 40, 50, 60, 70, 80, 90, 100

1,000, 10,000, 100,000, 1,000,000

1,000,000,000 1000,000,000,000

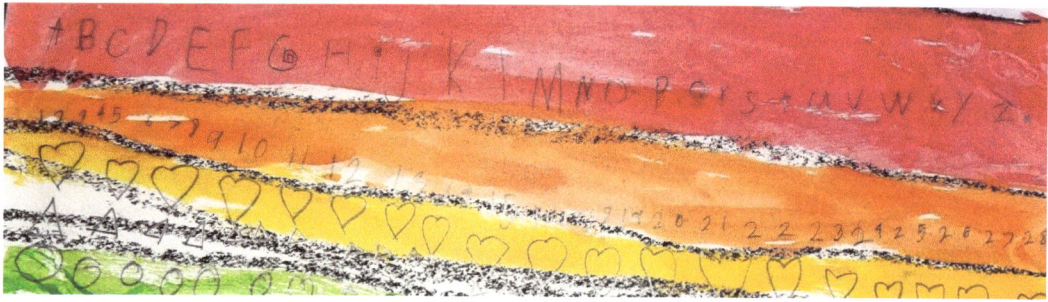

# Counting Numbers 20-99

Practice counting numbers 20 to 59 ..... How many can you count on your own without looking?

| 20s | | 30s | |
|---|---|---|---|
| 20 | Ishirini | 30 | Thelathini |
| 21 | Ishirini na Moja | 31 | Thelathini na Moja |
| 22 | Ishirini na Mbili | 32 | Thelathini na Mbili |
| 23 | Ishirini na Tatu | 33 | Thelathini na Tatu |
| 24 | Ishirini na Nne | 34 | Thelathini na Nne |
| 25 | Ishirini na Tano | 35 | Thelathini na Tano |
| 26 | Ishirini na Sita | 36 | Thelathini na Sita |
| 27 | Ishirini na Saba | 37 | Thelathini na Saba |
| 28 | Ishirini na Nane | 38 | Thelathini na Nane |
| 29 | Ishirini na Tisa | 39 | Thelathini na Tisa |
| **40s** | | **50s** | |
| 40 | Arobaini | 50 | Hamsini |
| 41 | Arobaini na Moja | 51 | Hamsini na Moja |
| 42 | Arobaini na Mbili | 52 | Hamsini na Mbili |
| 43 | Arobaini na Tatu | 53 | Hamsini na Tatu |
| 44 | Arobaini na Nne | 54 | Hamsini na Nne |
| 45 | Arobaini na Tano | 55 | Hamsini na Tano |
| 46 | Arobaini na Sita | 56 | Hamsini na Sita |
| 47 | Arobaini na Saba | 57 | Hamsini na Saba |
| 48 | Arobaini na Nane | 58 | Hamsini na Nane |
| 49 | Arobaini na Tisa | 59 | Hamsini na Tisa |

# Counting Numbers 20-99

Continue counting 60 all the way to 99..... Here's a challenge for you; can you count 1 - 100 without looking?

## 60s

| | |
|---|---|
| 60 | Sitini |
| 61 | Sitini na Moja |
| 62 | Sitini na Mbili |
| 63 | Sitini na Tatu |
| 64 | Sitini na Nne |
| 65 | Sitini na Tano |
| 66 | Sitini na Sita |
| 67 | Sitini na Saba |
| 68 | Sitini na Nane |
| 69 | Sitini na Tisa |

## 70s

| | |
|---|---|
| 70 | Sabini |
| 71 | Sabini na Moja |
| 72 | Sabini na Mbili |
| 73 | Sabini na Tatu |
| 74 | Sabini na Nne |
| 75 | Sabini na Tano |
| 76 | Sabini na Sita |
| 77 | Sabini na Saba |
| 78 | Sabini na Nane |
| 79 | Sabini na Tisa |

## 80s

| | |
|---|---|
| 80 | Themanini |
| 81 | Themanini na Moja |
| 82 | Themanini na Mbili |
| 83 | Themanini na Tatu |
| 84 | Themanini na Nne |
| 85 | Themanini na Tano |
| 86 | Themanini na Sita |
| 87 | Themanini na Saba |
| 88 | Themanini na Nane |
| 89 | Themanini na Tisa |

## 90s

| | |
|---|---|
| 90 | Tisini |
| 91 | Tisini na Moja |
| 92 | Tisini na Mbili |
| 93 | Tisini na Tatu |
| 94 | Tisini na Nne |
| 95 | Tisini na Tano |
| 96 | Tisini na Sita |
| 97 | Tisini na Saba |
| 98 | Tisini na Nane |
| 99 | Tisini na Tisa |

## Counting the Hundreds * Mamia

| 100 | Mia Moja | One Hundred |
| 200 | Mia Mbili | Two Hundred |
| 300 | Mia Tatu | Three Hundred |
| 400 | Mia Nne | Four Hundred |
| 500 | Mia Tano | Five Hundred |
| 600 | Mia Sita | Six Hundred |
| 700 | Mia Saba | Seven Hundred |
| 800 | Mia Nane | Eight Hundred |
| 900 | Mia Tisa | Nine Hundred |
| 1000 | Elfu Moja | One Thousand |

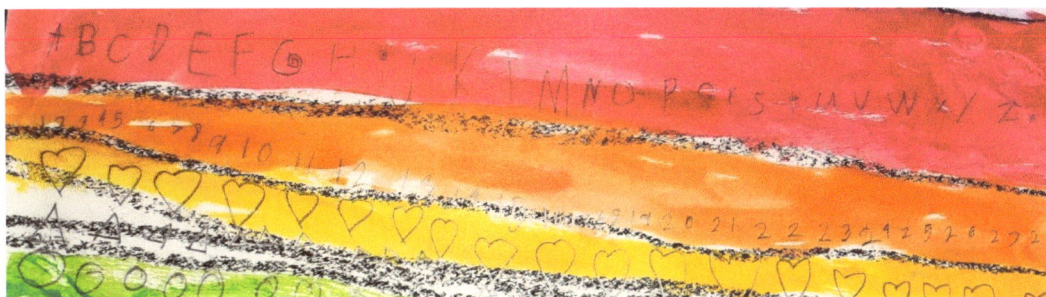

# Counting the Thousands * Maelfu

| 1000 | Elfu Moja | One Thousand |
|------|-----------|--------------|
| 2000 | Elfu Mbili | Two Thousand |
| 3000 | Elfu Tatu | Three Thousand |
| 4000 | Elfu Nne | Four Thousand |
| 5000 | Elfu Tano | Five Thousand |
| 6000 | Elfu Sita | Six Thousand |
| 7000 | Elfu Saba | Seven Thousand |
| 8000 | Elfu Nane | Eight Thousand |
| 9000 | Elfu Tisa | Nine Thousand |
| 10,000 | Elfu Kumi | Ten Thousand |

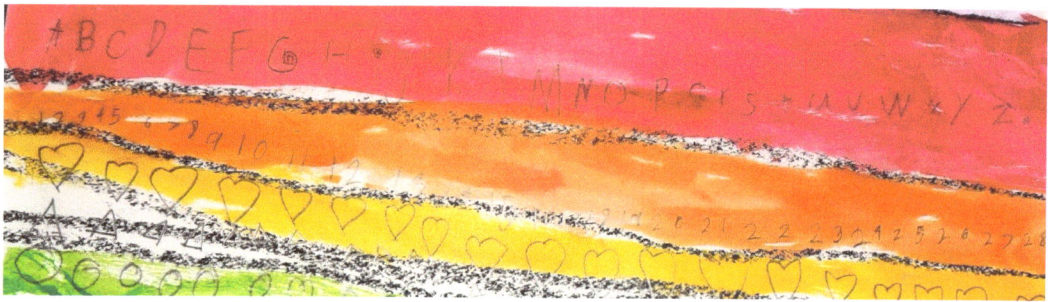

## Counting the Ten Thousands * Maelfu kumi

| 10,000 | Elfu kumi | Ten Thousand |
|---|---|---|
| 20,000 | Elfu Ishirini | Twenty Thousand |
| 30,000 | Elfu Thelathini | Thirty Thousand |
| 40,000 | Elfu Arobaini | Forty Thousand |
| 50,000 | Elfu Hamsini | Fifty Thousand |
| 60,000 | Elfu Sitini | Sixty Thousand |
| 70,000 | Elfu Sabini | Seventy Thousand |
| 80,000 | Elfu Themanini | Eighty Thousand |
| 90,000 | Elfu Tisini | Ninety Thousand |
| 100,000 | Laki Moja | One Hundred Thousand |

# Counting the Hundred Thousands * Maelfu Mia

100,000    Laki Moja    One Hundred Thousand
~ also read as elfu mia moja

200,000    Laki Mbili    Two Hundred Thousand
elfu mia mbili

300,000    Laki Tatu    Three Hundred Thousand
elfu mia tatu

400,000    Laki Nne    Four Hundred Thousand
elfu mia nne

500,000    Laki Tano    Five Hundred Thousand
elfu mia tano

600,000    Laki Sita    Six Hundred Thousand
elfu mia sita

700,000    Laki Saba    Seven Hundred Thousand
elfu mia saba

800,000    Laki Nane    Eight Hundred Thousand
elfu mia nane

900,000    Laki Tisa    Nine Hundred Thousand
elfu mia tisa

1,000,000    Milioni Moja    One Million

29

# Counting the Millions * Mamilioni

| | | |
|---|---|---|
| 1,000,000 | Milioni Moja | One Million |
| 2,000,000 | Milioni Mbili | Two Million |
| 3,000,000 | Milioni Tatu | Three Million |
| 4,000,000 | Milioni Nne | Four Million |
| 5,000,000 | Milioni Tano | Five Million |
| 6,000,000 | Milioni Sita | Six Million |
| 7,000,000 | Milioni Saba | Seven Million |
| 8,000,000 | Milioni Nane | Eight Million |
| 9,000,000 | Milioni Tisa | Nine Million |
| 10,000,000 | Milioni Kumi | Ten Million |

Follow the same pattern for billions and trillions

| | | |
|---|---|---|
| 1,000,000,000 | Bilioni Moja | One Billion |
| 1,000,000,000,000 | Trilioni Moja | One Trillion |

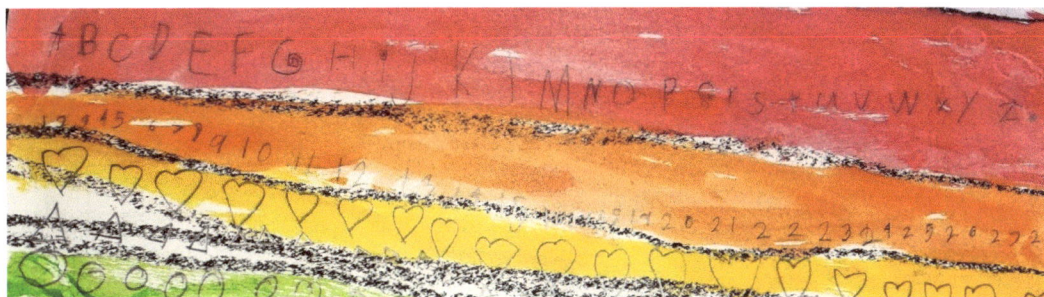

# Swahili Numbers Patterns Explained

Numbers in Swahili follow a simple pattern. Once you have understood the pattern you can read just about any number in Swahili.

Numbers 11-99 follow the pattern of the *ten + the number* as following:

> 11 is *kumi na moja*
> 35 is *thelathini na tano*

Numbers 100+ follow the same pattern of *the hundred plus the number*.

> 101 is *mia moja na moja*
> 211 is *mia mbili na kumi na moja*

Numbers 1,000+ follow the same pattern of *the thousands* plus the number:

> 1,001 is *elfu moja na moja*
> 1,011 is *elfu moja, na kumi na moja*
> 1,111 is *elfu moja, mia moja na kumi na moja*

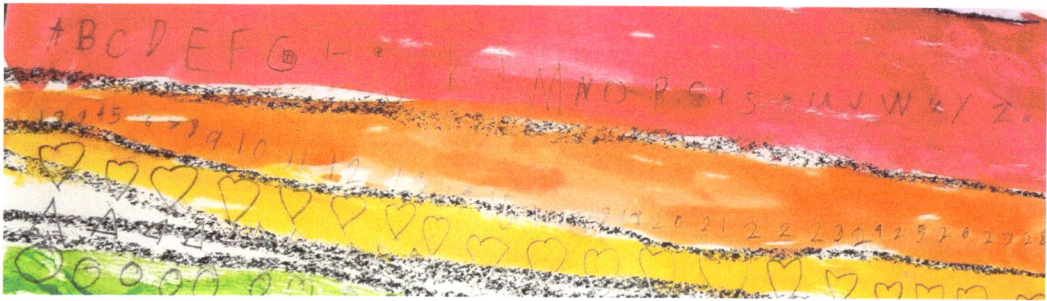

# Swahili Numbers Examples

44 - Arobaini na nne.

112 - Mia moja na kumi na mbili.

357 - Mia tatu na hamsini na saba.

2,455 - Elfu mbili, mia nne na hamsini na tano.

15,687 - Elfu kumi na tano, mia sita na themanini na saba.

125,453 - Elfu mia moja ishirini na tano, mia nne na hamsini na tatu.
(NOTE: The hundred thousands are commonly read as 'elfu mia xx na' instead of laki just like like the example above)

2,937,264 - Milioni mbili, elfu mia tisa thelathini na saba, mia mbili na sitini na nne.

Is that enough numbers? Do you understand the pattern? Exciting, isn't it?

# Practical Ways to Practice Numbers in Swahili

How old are you in Swahili?

What grade are you in Swahili?

How many days are there in a week in Swahili?

How many months are there in a year in Swahili?

How old is your brother or sister in Swahili?

Isn't this a lot of fun? Can you think of other numbers in Swahili?

Test yourself. How would you say these numbers in Swahili?

| | | |
|---|---|---|
| 74 | 345 | 2,881 |
| 43,920 | 79,328 | 245,204 |
| 308,389 | 3,893,282 | 42,345,944 |

# Hongera!
# Congratulations!

Thank you for starting this Swahili learning journey with us.

We hope you have enjoyed your journey with *My Fun Swahili Book of* Numbers Nambari.

Keep counting.... Endelea kuhesabu.

You got this!

For more Fun Swahili books please visit
www.funswahili.com.

www.ingramcontent.com/pod-product-compliance
Lightning Source LLC
LaVergne TN
LVHW072055070426
835508LV00002B/104